Alexander Kauther, Paul Wirtz

„Heinrich Haas hatte nur 30 Tage das Flugmaschinenführer-Zeugnis Nr. 24"

Heft 29 der Dokumentationsreihe über den Flugplatz Berlin-Johannisthal 1909-1914

GRIN Verlag

Bibliografische Information der Deutschen Nationalbibliothek:

Die Deutsche Bibliothek verzeichnet diese Publikation in der Deutschen Nationalbibliografie; detaillierte bibliografische Daten sind im Internet über http://dnb.d-
nb.de/ abrufbar.

Impressum:

Copyright © 2011 GRIN Verlag GmbH
Druck und Bindung: Books on Demand GmbH, Norderstedt Germany
ISBN: 978-3-640-98754-2

Dieses Buch bei GRIN:

http://www.grin.com/de/e-book/176928/heinrich-haas-hatte-nur-30-tage-das-flug-
maschinenfuehrer-zeugnis-nr-24

GRIN - Your knowledge has value

Der GRIN Verlag publiziert seit 1998 wissenschaftliche Arbeiten von Studenten, Hochschullehrern und anderen Akademikern als eBook und gedrucktes Buch. Die Verlagswebsite www.grin.com ist die ideale Plattform zur Veröffentlichung von Hausarbeiten, Abschlussarbeiten, wissenschaftlichen Aufsätzen, Dissertationen und Fachbüchern.

Dokumentenreihe zum Flugplatz Berlin-Johannisthal
1909-1914 – Heft 29

Alexander Kauther - Paul Wirtz

Heinrich Haas

„Heinrich Haas hatte nur 30 Tage den Flugschein Nr. 24"

Heft 29

Diese Dokumentation wurde in die Deutsche Nationalbibliografie der Deutschen Bibliothek aufgenommen.
www.dnb.de (Stichwort „Johannisthal" zu weiteren Heften der Dokumentenreihe zum Flugplatz Johannisthal 1909-1914).

„Heinrich Haas hatte nur 30 Tage das Flugmaschinenführer-Zeugnis Nr. 24"

Herausgeber & Autoren: Alexander Kauther, Berlin und Paul Wirtz, Jülich
Dokumentenreihe „Flugplatz Johannisthal 1909-1914", Heft Nr. 29
© 2. Ausgabe, April 2011

Umschlaggestaltung: D&M agentur, Winckelmannstraße 70, 12487 Berlin
(www.dundm-agentur.de)

Inhaltsverzeichnis

Anmerkungen der Autoren:

Anfang Februar 1909 begann der Unternehmer Arthur Müller (1871-1935) in Berlin gemeinsam mit dem späteren Direktor des Flugplatzes Johannisthal, Major a. D. Georg von Tschudi (1862-1928) und Kapitän zur See Eduard v. Pustau, mit der Suche einer geeigneten Fläche für die Errichtung eines Flugfeldes. Die Waldfläche zwischen den Gemeinden Adlershof und Johannisthal war dafür schnell gefunden. In der dann gegründeten „Flug- und Sport-Platz Berlin-Johannisthal GmbH" hieß es im § 3 des Statuts:

„Gegenstand des Unternehmens ist die Herstellung von Flugplatzanlagen und sämtlicher Einrichtungen für alle mit der Aviatik und Luftschiffahrt zusammenhängenden Zwecke sowie ferner Anlage und Betrieb einer Automobil- und Rad-Rennbahn und Übungsstraße auf dem Flugplatz Johannisthal." [1]

Nach Verhandlungen mit dem Regierungs- und Forstrat, Freiherrn von dem Bussche, und weiterer Stellen der Stadt Potsdam, der Gemeinde Teltow, der Königlichen Regierung zu Potsdam und dem Gemeindevorstand Adlershof und Johannisthal, wurde der Pachtvertrag mit dem Geschäftsführer, Major a. D. Georg v. Tschudi, am 26. März 1910 geschlossen.[2]

Bereits im März 1910 siedelte sich die „Flugmaschine Wright-Gesellschaft mbH" auf der Adlershofer Seite an. Die Vorbereitungen für den Bau des Flugplatzes mit allen notwendigen Bauten liefen auf Hochtouren. Die Stunde der Flugpioniere schlug und die ersten Konstrukteure, Fluginteressenten und Unternehmer bauten oder mieteten ihre Schuppen. Auch Kapitän zur See a. D. Paul Engelhard (1868-1911)[3] zog 1909 nach Johannisthal. Er wurde einer der ersten Flugschüler, später Fluglehrer, Technischer Leiter und Chefpilot bei der Firma Wright. Engelhard schrieb mit vielen anderen Flugzeugführern, Konstrukteuren, Monteuren, Unternehmern und Funktionären die Geschichte der Luftfahrt mit und gehört heute zu den herausragenden Persönlichkeiten unter den Flugpionieren. Er war es, der den damals 25 jährigen Heinrich Haas zum Flugzeugführer ausbildete, mit ihm gemeinsam flog und auch am Tag des Flugzeugabsturzes von Haas dabei war.

Die Dokumentation soll versuchen, das kurze Leben von Heinrich Haas nachzuzeichnen. Aus diesem Grunde, haben sich die Autoren entschlossen, eine Chronologie anhand von Veröffentlichungen in Büchern, Zeitungen, Archiven und auch Zeitzeugen zu erstellen.

---

[1] Auszug aus dem Statut der GmbH, Landesarchiv Brandenburg, Rep. 2A III/F, Nr. 8598.
[2] ebenda, Nr. 8599.
[3] „Korvettenkapitän a. D. Paul Engelhard mit dem Flugschein Nr. 3", Heft 28 der Dokumentenreihe.

Besonders herzlich möchten sich die Autoren Alexander Kauther und Paul Wirtz bei dem Ortschronisten Horst Fantes und beim Ortsbürgermeister Hans Dostert, beide aus 54441 Wellen im Landkreis Trier-Saarburg, für die unkomplizierte, außerordentlich freundliche und uneigennützige Unterstützung dieser Arbeit bedanken.

Auf Vorschlag von Hans Dostert und Horst Fantes, hat der Gemeinderat zugestimmt, ein von den Autoren ausgewähltes Bruchstück des Propellers für die Dauerausstellung zum Flugplatz Johannisthal im Museum Treptow zu überlassen.

Die Dokumentation reiht sich in die bereits vorhandenen Hefte 1-29 ein, die von den Autoren über den Flugplatz Johannisthal für den Zeitraum von 1909-1914 geschrieben worden sind.

www.johflug.de
Berlin-Johannisthal im Mai 2011

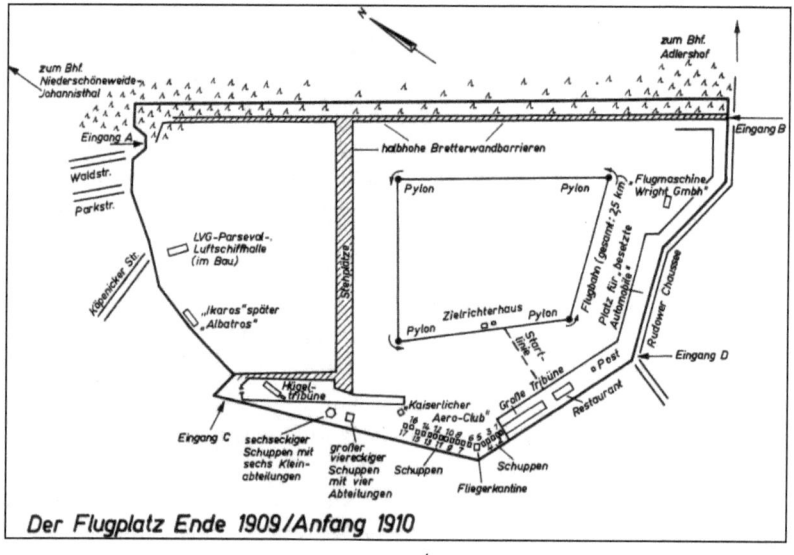

Der Flugplatz Ende 1909/Anfang 1910

4

---

4 Zeichnung aus Schmitt, Günter: "Als die Oldtimer flogen. Die Geschichte des Flugplatzes Johannisthal", Transpress VEB Verlag für das Verkehrswesen, Berlin, 1987

Heinrich Haas

* 24. Mai 1885 in Assenheim, heute Niddatal (Hessen)
† 1. Oktober 1910 in Wellen (Mosel)[5]

---

[5] Bild aus dem „Trierischen Volksfreund" vom 5. Oktober 1910.

Zur Person Heinrich Haas:

Heinrich Haas wurde am 24. Mai 1885 in Assenheim, dem heutigen Niddatal in Hessen, geboren. Sein Interesse galt der Seefahrt. Er wurde als Steuermann ausgebildet, war Offizier der Handelsmarine und erwarb um 1909/10 die Kapitänsbefähigung.

Als die Aviatik[6] auf ihrem Siegeszug auch nach Deutschland kam, wandte er sich mit Begeisterung dem neuen Sportzweig zu. Er kam nach Berlin-Johannisthal und wollte das Fliegen lernen. Zuvor lebte er bei seiner elterlichen Familie im thüringischen Friedrichroda.

Auf dem Johannisthaler Flugfeld kam er 1910 zur „Flugmaschine Wright-Gesellschaft mbH" und wurde vom Fluglehrer, Werkleiter und Chefpilot Kapitän zur See a. D. Paul Engelhard[7] zum Flugmaschinenführer ausgebildet.

Haas soll angeblich am 12. August 1910 in Johannisthal bei Übungsflügen abgestürzt sein, jedoch nur Schürfwunden erlitten haben.[8] Diese Aussage muss angezweifelt werden, denn Haas hatte noch kein Flugzeugnis, befand sich noch in der Ausbildung und konnte an der Flugwoche vom 7. bis 13. August 1910 deshalb nicht teilnehmen, höchstens als Passagier. Von einem offiziellen Absturz am 12. August 1910 ist nichts bekannt.

Fluglehrer Paul Engelhard.

Haas bestand am 2. September 1910 die Prüfung und bekam am 12. September 1910 sein Flugmaschinenführer-Zeugnis Nr. 24 des „Deutschen Luftschiffer Verbandes" (DLV). Die Prüfung wurde auf dem Flugplatz Johannisthal zeitgleich mit dem Wright-Flugschüler Oberleutnant a. D. Robert von Mossner[9] abgenommen, der das offizielle Flugmaschinen-führer-Zeugnis Nr. 23 am 8. September 1910 erhielt.

Robert von Mossner.

---

[6] Als Aviatik (von lat. avis = Vogel, im weitesten Sinne, denn auch jedes Fluggerät kann man als Vogel bezeichnen) bezeichnet man die Flugkunst. Fälschlicherweise wird unter Aviatik oft nur die Luftfahrt verstanden.

[7] Paul Engelhard (1868-1911), Flugzeugführererlaubnis Nr. 3 vom 1. März 1910 auf einem „Wright-Zweidecker", Flugfeld Johannisthal (Heft 28 der Dokumentenreihe).

[8] „Der frühere Flugpionier Heinrich Haas-vergessen im Ehrengrab" von Heinz Monz, Jahrbuch Kreis Trier-Saarburg 2001, Seite 127.

[9] Oberleutnant Robert von Mossner (1880-?), Flugzeugführererlaubnis Nr. 23 am 8. September 1910 auf Wright-Zweidecker, Flugfeld Johannisthal.

Seit Gründung der „Flugmaschine Wright-Gesellschaft mbH" in Berlin bis zum Tod von Heinrich Haas wurden folgende Flugschüler auf den Wright-Maschinen ausgebildet und erhielten die Flugzeugführererlaubnis.[10]
30 Flugschüler[11] sind ab Juni 1910 bis September 1911 vom Fluglehrer Paul Engelhard ausgebildet worden.

Name	Vorname	Geburt	Nr.	Erhalten	Flugapparat	Flugfeld
Engelhard	Paul Emil	27.07.1868	3	01.03.1910	Wright - Zweidecker	Flugplatz Johannisthal
Keidel	Fridolin	27.12.1882	5	27.04.1910	Wright - Zweidecker	Flugplatz Johannisthal
Thelen	Robert	23.03.1884	9	11.05.1910	Wright - Zweidecker	Flugplatz Johannisthal
Schauenburg	Theo	14.10.1885	11	22.06.1910	Wright - Zweidecker	Flugplatz Johannisthal
Heim	Oskar	21.06.1882	21	06.08.1910	Wright - Zweidecker	Flugplatz Johannisthal
von Mossner	Robert	01.06.1880	23	08.09.1910	Wright - Zweidecker	Flugplatz Johannisthal
Haas	Heinrich	24.05.1885	24	02.09.1910	Wright - Zweidecker	Flugplatz Johannisthal
Wilberg	Helmuth	01.06.1880	26	15.09.1910	Wright - Zweidecker	Flugplatz Johannisthal
Arntzen Dr.	Orla	26.01.1882	27	01.09.1910	Wright - Zweidecker	Flugplatz Johannisthal
Jablonsky	Bruno	27.08.1892	30	28.09.1910	Wright - Zweidecker	Flugplatz Johannisthal
Mente	Willy	00.00.1870	32	28.09.1910	Wright - Zweidecker	Flugplatz Johannisthal

Am 12. September 1910, am Tage des Erhalts seiner offiziellen Fluglizenz, hatte Haas einen selbstständigen Überflug von Johannisthal nach Grünau und zurück in 25 Minuten durchgeführt. Bestimmt hatte er, wie es auch andere Piloten taten, seinen Berliner Wohnort in Grünau, Wilhelmstraße (1938 umbenannt in Wassersportallee) überfliegen wollen.

Am 21. September 1910 erschien in der „Deutschen Zeitschrift für Luftschiffahrt" (DZL) diese Werbeanzeige der „Flugmaschine Wright-Gesellschaft mbH".

Heinrich Haas wurde in der Anzeige schon als Fluglehrer angeboten, obwohl er erst seit 19 Tagen im Besitz des Flugzeugführerzeugnisses war. Zum Zeitpunkt der Anzeige hatte die „Flugmaschine Wright GmbH" neun ausgebildete Flugzeugführer mit einem Flugzeugführerzeugnis des „Deutschen Luftschiffer Verbandes (DLV).

---

[10] Angaben erstellt von Alexander Kauther und Paul Wirtz anhand der aufbereiteten Listen der Flugzeugführerprüfungen auf Wright-Maschinen.
[11] „Luftschiffer, Flugtechnik und Sport" Nr. 30 vom 31. Oktober 1911.

Offizielle historische Ansichtskarte vom Wettfernfliegen.[12]

Der Überlandflug Trier-Metz vom 27, September bis 1. Oktober 1910

Während dieser Zeit fand der Überlandflug Trier-Metz statt (auch als Wettfernfliegen bezeichnet).

Der Veranstalter war der Kaiserliche Aero-Club. An ihm beteiligten sich nur fünf Piloten, was wohl darauf zurückzuführen war, dass die Bedingungen schwer und nur 25.000 Mark an Preisen ausgesetzt wurden. Der Gewinn sollte demjenigen Piloten zufallen, der die Strecke ohne Zwischenlandung zurücklegte und dabei die größte Höhe erreichte.

„Ein 160 Morgen großes Gelände in Euren, am linken Ufer der Mosel an der Luxemburger Straße, das seit 1882 (unter Protest der Eurener Landwirte) zum Exerzierplatz ausgestaltet worden war und seit 1910 als Ankerstation für die in Metz und Köln stationierten Heeresluftschiffe dienen sollte, war der Startplatz in Trier. Ziel war die Friedhofsinsel in Metz."[13]

---

[12] Genehmigung für die Verwendung der Postkarte: www.bildpostkarten.uni-osnabrueck.de, Sammlung Prof. Dr. Sabine Giesbrecht

[13] „Der frühere Flugpionier Heinrich Haas-vergessen im Ehrengrab" von Heinz Monz, Jahrbuch Kreis Trier-Saarburg 2001, (Auszug aus dem Manuskript „Der Flugplatz Euren Trier 1988", Privatarchiv Eberhard Klopp, Trier).

Der damalige Fluglehrer von Haas, Paul Engelhard, nahm auch an dem Überlandflug teil und erhielt, wie der Flieger Robert Thelen[14], vom Preisgericht 2.000 Mark zuerkannt. Die anderen drei teilnehmenden Apparate am Überlandflug waren sämtlich Wright-Doppeldecker, geflogen von den Wright-Fliegern Robert Thelen, Robert v. Mossner und **Heinrich Haas mit der Startnummer 4**.

In der Zeitschrift „Flugsport", die illustrierte technische Zeitschrift und Anzeiger für das gesamte Flugwesen, schrieb am 7. September 1910:

„Propositionen zu dem Wettfernfliegen Trier-Metz.
25 000 Mark Preise
gewährleistet von den Stadtverwaltungen Metz und Trier.
Zeit 27. September bis 1. Oktober 1910.

§ 1.
Zulassung.

Zu dem Wettfernfliegen werden nur in Deutschland gebaute Flugzeuge zugelassen. Ausländische Systeme sind erlaubt. Desgleichen ist die Wahl des Motors völlig freigestellt. Der Pilot muß die deutsche Staatsangehörigkeit besitzen und Inhaber eines inländischen Flugzeugführerpatents sein. Jedes Flugzeug wird vor der Abfahrt von dem Starter besichtigt und abgestempelt. Entspricht es nicht den bei der Nennung gemachten Angaben, so kann es von dem Wettbewerb ausgeschlossen werden.

§ 2.
Zeit des Fliegens.

Der Flug darf nach Wahl der Flieger an jedem Tage in der Zeit vom 27. September bis 1. Oktober einschließlich ausgeführt werden. Es ist nachmittags zwischen 2 und 5 Uhr zu starten. Falls während dieser 5 Tage an mehr als zwei Tagen mittags um 12 Uhr eine größere Windstärke als 6 Sekundenmeter festgestellt wird, so wird für jeden solchen Tag ein weiterer, anschließender Tag freigestellt.
Sämtliche Teilnehmer sind verpflichtet, 2 Tage vor Beginn des Fliegens, d. h. am 25. und 26. September, in Trier in den Nachmittagsstunden von 4 – 8 Uhr, günstige Witterung vorausgesetzt, Vorflüge zu unternehmen. Desgleichen liegt den Sieger die Verpflichtung ob, am 2. Oktober in Metz, falls die Witterung günstig ist, nachmittags zwischen 4 und 8 Uhr Nachflüge zu veranstalten. Ob die Witterung günstig ist, wird durch den Vertreter des Kaiserlichen Aeroklubs in dem Preisgericht entschieden.
Falls die angeordneten Vor- und Nachflüge infolge ungünstiger Witterung ganz oder teilweise haben unterbleiben müssen, so bleibt eine Verringerung der Preissummen vorbehalten, und zwar derart, daß für jeden nicht ausgeführten Vor- oder Nachflug M. 1000,- von den Preissummen gestrichen werden.

---

[14] Robert Thelen (1884-1968), Flugzeugführerlizenz Nr. 9 am 11. Mai 1910 auf Wright-Doppeldecker, Flugfeld Johannisthal.

Unterbleiben die Vor- und Nachflüge aus anderen Gründen z. B. infolge von Beschädigungen der Maschine, so kann eine Verringerung der Preissummen bis zu deren Hälfte eintreten. Preisträger sind jedoch in allen Fällen diejenigen Flieger, die nach § 4 dazu den Anspruch erworben haben.

Aus dem hiernach unter Umständen nicht zur Auszahlung gelangenden Teil der ausgesetzten Preissummen werden Trostpreise an diejenigen Flieger gezahlt, welche die Bedingungen des § 4 erfüllt haben, jedoch nicht Preisträger sind, dagegen aber die Vor- und Nachflüge bestimmungsgemäß ausgeführt haben. Wenn diese Bedingungen für die Auszahlung der Trostpreise überhaupt nicht erfüllt sind, so verfallen die etwa zur Streichung gekommenen Teile der Preissummen den veranstaltenden Stadtgemeinden.

§ 3.
Flugbahn.

Es ist die Strecke vom Exerzierplatz in Trier bis zum Exerzierplatz auf der Friedhofsinsel in Metz zurückzulegen und zwar muß über dem Lauf der Mosel oder über einem der beiden Ufer auf einem Streifen von ungefähr je 100 m landeinwärts geflogen werden. Alle Krümmungen des Flußlaufes sind mitzunehmen. Die Strecke beträgt rund 105 Kilometer. Jeder Flieger erhält eine Karte des zurückzulegenden Weges im Maßstab 1:25000 sowie einen Plan des Landungsplatzes in Metz mit eingetragenen Hindernissen und schwierigen Stellen.

§ 4.
Sieger.

Sieger ist, wer die ganze Strecke ohne Zwischenlandung zurücklegt und außerdem nach Überfliegen der Ziellinie in Metz unmittelbar im Anschluß an den Fernflug ohne vorherige Landung den besten Höhenrekord über dem Landungsplatz ausführt.

Das Vorrecht haben jedoch unbedingt diejenigen Flieger, welche mit einem Passagier an Bord ohne Zwischenlandung in Metz landen, auch wenn gegenüber den Einzelfliegern ein Höhenrekord nicht erreicht wird. Führer und Passagier müssen mindestens zusammen 130 Kilogramm wiegen. Schnelligkeit wird in keinem Falle gewertet.
Bei gleichen Leistungen mehrerer Flieger entscheidet das vom Obmann des Preisgerichts zu ziehende Los.
Die Auszahlung der Preise erfolgt innerhalb 14 Tagen, gezählt vom Tage der Veröffentlichung der Entscheidung des Preisgerichts, durch die Stadtverwaltung Metz.

§ 5.
Preise.

Als Preise sind ein 1. Preis von 20.000 M. und ein zweiter Preis von 4000 M. ausgesetzt. Weitere Preise für die Vor- und Nachflüge werden gegebenenfalls noch festgesetzt im Gesamtbetrage von mindestens 1000 M. (Vergl. letzter Absatz.)
Die Preise gelangen voll zur Verteilung, falls Flieger ohne Zwischenlandung von Trier nach Metz gelangen.

Falls kein Flieger die aufgestellten Bedingungen voll erfüllt, jedoch eine Landung in Metz erfolgt, kann das Preisgericht durch einstimmigen Beschluß Teilpreise zuerkennen.

Bezüglich der in Trier zu veranstaltenden Vorflüge behält sich der Trierer Klub für Luftschiffahrt vor, seinerseits besondere Preise auszusetzen, desgleichen die Stadtverwaltung Metz gegebenenfalls für die Nachflüge.

§ 6.
Anmeldung.

Die Anmeldung zu dem Fluge muß spätestens bis zum 10. September d. J. abends 6 Uhr bei dem Kaiserlichen Aeroklub in Berlin W. 30, Nollendorfplatz 3, schriftlich eingegangen sein.

Die Anmeldung muß enthalten :
1. die Angabe der Staatsangehörigkeit des Piloten;
2. eine Abschrift des vorgeschriebenen Führerzeugnisses;
3. die Angabe der Art des gemeldeten Fahrzeuges, seinen Erbauungsort, die Größenverhältnisse nach Länge, Breite und Höhe sowie die Marke des   Motors.

Der Anmeldung ist ein Nennungsgeld von 50 M. beizufügen. Eine Anmeldung ohne das Nennungsgeld ist ungültig. Der Einsatz wird zurückerstattet, falls ein Vorflug von mindestens zwei Runden und außerdem Start zum Fernflug von mindestens 1/4 stündigem Aufenthalt in der Luft erfolgt ist, andernfalls verfällt der Einsatz zu Gunsten der veranstaltenden Städte.

Jeder Bewerber erhält eine Nummer zugeteilt, welche in Ziffern von 1 m Höhe seinerseits herzustellen ist und sichtbar an seinem Apparat während des ganzen Fluges geführt werden muß. Falls nicht besondere Bestimmungen im Einzelfall erfolgen, müssen die Ziffern an beiden Seiten des Apparates sichtbar und senkrecht angebracht werden.

§ 7.
Unterbringung der Flugmaschinen.

Die Flugmaschinen müssen spätestens am 23. September, abends 6 Uhr auf dem Trierer Exerzierplatz fertig montiert sein. Für kostenlose Unterbringung daselbst wird auf Grund der Anmeldung gesorgt. Durch die Bereitstellung der Unterbringungsräume wird seitens des Kaiserlichen Aeroklubs oder der veranstaltenden Städte keinerlei Haftung für etwaige Beschädigung der Apparate, Feuersgefahr und so weiter übernommen.

Für Unterkunft der Flugmaschinen in Metz bis nach dem Nachflug wird gleichfalls auf Grund der Anmeldung Sorge getragen. Auch hier wird irgendwelche Haftung nicht übernommen.

Die Unterbringungsräume werden bis zu einer Größe von 13 Meter auf 16 Meter bereit gestellt, größere werden auf Grund besonderer Vereinbarung hergerichtet.

§8. Start.

Der Start befindet sich auf dem Exerzierplatz in Trier. Vor Verlassen des Platzes hat der Flieger eine geschlossene Runde über den Platz zu fliegen.

JeJer Flieger hat seine Absicht zu starten dem vom Trierer Klub für Luftschiffahrt zu stellenden Starter rechtzeitig anzuzeigen.

§ 9.
Kontrolle.

Die Kontrolle während des Fluges geschieht durch Kontrollstationen auf der ganzen Strecke.

§ 10.
Wiederholung des Fluges.

Jedem Flieger ist es freigestellt, innerhalb der zur Verfügung stehenden Zeit den ganzen Flug zwecks Erzielung eines besseren Resultates ein oder mehrere Male zu wiederholen.

§ 11.
Preisgericht.

Das Preisgericht besteht aus einem Vertreter des Kaiserlichen Aeroklubs als Obmann sowie aus je einem von den beiden Stadtverwaltungen Metz und Trier zu ernennenden Delegierten.

Die Entscheidung wird auf Grund der von den Kontrolleuren zu erstattenden Berichte gefällt werden.

Der Höhenrekord in Metz wird durch militärische Schiedsrichter festgestellt werden.

§ 12.
Proteste.

Proteste gegen die Entscheidung des Preisgerichts müssen binnen 3 Tagen nach Bekanntgabe der Entscheidung bei dem Kaiserlichen Aeroklub in Berlin schriftlich eingegangen sein. Mit jedem Protest ist der Betrag von 500 M. einzuzahlen, welcher zurückgezahlt wird, wenn der Protest als berechtigt anerkannt wird, andernfalls jedoch zu Gunsten der veranstaltenden Städte Metz und Trier verfällt.

Über den Protest entscheidet unter Ausschluß des Rechtsweges ein Schiedsgericht aus 7 Mitgliedern, von denen der Kaiserliche Aeroklub 3 benennt, während die 3 andern von dem Einleger des Protestes zu benennen sind. Die 6 ernannten Schiedsrichter wählen zusammen einen Obmann.

§ 13.
Haftung für Schäden.

Jeder Flieger haftet für allen Schaden, den er selbst erleidet oder Dritten gegenüber anrichtet, allein. Der Kaiserliche Aeroklub sowie die veranstaltenden Städte lehnen jede Verantwortung ab.

§ 14.
Schlußbestimmungen.

Durch die Anmeldung unterwirft sich jeder Flieger den obigen Bestimmungen sowie auch allen sonstigen Anordnungen, die im Interesse eines ungestörten Gelingens der Veranstaltung seitens des Kaiserlichen Aeroklubs getroffen werden.
Der Kaiserliche Aeroklub behält sich etwa notwendig werdende Änderungen obiger Bestimmungen vor.

Offenbar gab es Unstimmigkeiten über die Bedingungen der Stadtverwaltung Trier – Metz. An die vorgenannte Veröffentlichung der Propositionen zu dem Wettfernfliegen in der Zeitschrift „Flugsport" gab es die Bemerkung der Redaktion:

„Unter den vorstehenden Bedingungen wird wohl nicht ein einziger Flieger sich an der Konkurrenz beteiligen. Wir wünschen, daß der Flug zustande kommt und daß die Propositionen so schnell wie möglich geändert werden. Daß dies nötig ist, beweisen die in verschiedenen Tageszeitungen erschienenen scharfen Kritiken.
Wir machen uns ja lächerlich vor dem Auslande. Es muß unbedingt jedem Flieger freigestellt sein, zwischen 5 Uhr morgens und 7 Uhr abends zu starten. Ebenso muß die Bestimmung mit den Vor- und Nachflügen fallen. Hiermit fallen auch die Bedingungen über die teilweise Verringerung der Preise.

Die Bedingung unter § 3, dem Laufe der Mosel mit Differenzen bis zu 100 m zu folgen, ist praktisch nicht erfüllbar, daher unzulässig. Es kann niemand einwandfrei kontrollieren, ob der Flieger sich 100 oder 101 m vom Ufer der Mosel entfernt hat. Außerdem sind die Terrainverhältnisse an der Mosel an verschiedenen Stellen derartig ungünstig, daß der Flieger gezwungen ist, um sich nicht in Gefahr zu bringen, den Lauf der Mosel stellenweise zu verlassen.

Zu § 4: Sieger muß unbedingt derjenige sein, welcher die ganze Strecke am schnellsten zurücklegt. Zwischenlandungen müssen gestattet sein.
Den Höhenrekord im Anschluß an den Flug ohne vorherige Landung auszuführen, ist fast undurchführbar. Vielleicht wird für diesen Höhenrekord ein besonderer Preis ausgeschrieben.

Wir enthalten uns an dieser Stelle prinzipiell jeder weiteren Kritik und hoffen, **daß die Leitung den vielen berechtigten Wünschen, welche dieser Tage vonseiten mehrerer Flieger an sie gelangten, Rechnung trägt und die Propositionen so schnell wie möglich ändert.**

Die Redaktion."

In der nächsten Ausgabe der Zeitschrift „Flugsport" Nr. 18. vom 21. September 1910 wurde geschrieben:

„Überlandflug Trier-Metz.

Die Propositionen für den Überlandflug Trier-Metz sind bis zur Stunde nicht geändert worden. Man hat also den Wünschen der Flieger nicht Rechnung getragen. Die beiden Städte Trier und Metz haben, wie man sagt, jegliche Abänderungsvorschläge abgelehnt. Man sagt sich dort: „es haben ja 6 Flieger gemeldet!" Es sind dies folgende: Kapitän Engelhard, Oberleutnant, von Mossner, Thelen, Jeannin und Vollmoeller[15].

Jeannin, Thelen und Vollmoeller werden, trotzdem sie gemeldet haben, nur an dem Flug teilnehmen, wenn die Propositionen geändert werden. Infolge der Stellungnahme Thelens wird die Wright-Gesellschaft durch private Verpflichtungen auch gezwungen sein, dem Start fern zu bleiben. Es erscheinen demnach keine Flieger am Start.

Wie es scheint, hoffen die beiden Städte Metz und Trier ihre Ausgaben aus den Eintrittsgeldern zu decken. Wir haben es daher nicht mit einer reinen Konkurrenz zu tun, sondern mit einer Schauflugveranstaltung. Für eine solche sind die Propositionen auch zugeschnitten. Der Flugsport muß rein bleiben. Oder sollen sich unsere deutschen Flieger zu Akrobaten ausbilden? Dem Kaiserlichen Aero-Klub, welcher das Protektorat übernommen hat, wird die Sache sehr unangenehm sein. Er hat versucht, Verhandlungen anzubahnen. Sie sind gescheitert."

Die Wright-Flugmaschine, Baustand September 1910.

---

[15] Hans Vollmoeller (1889-1917), Flugzeugführerlizenz Nr. 84 am 15. Mai 1911 auf Etrich-Rumpler-Eindecker, Flugfeld Johannisthal.

Heinrich Haas vor seiner Wright-Flugmaschine mit der Startnummer 4 kurz vor dem Start zum Überlandflug Trier-Metz.[16]

Am Samstag, den 1. Oktober 1910 begann Heinrich Haas mit seinem Überlandflug.

„Haas war in Trier um 4 Uhr 59 Minuten gestartet und hatte die Ortschaft Wellen um 5 Uhr 47 Minuten erreicht, die er in 150 Meter Höhe überflog. Plötzlich hörte man einen lauten Krach, die Flugmaschine brach in sich zusammen und stürzte, sich mehrmals überschlagend, zu Boden.

Herbeigeeilte Ärzte konnten nur noch den Tod des Fliegers konstatieren, der aus den Trümmern des in zehn Teile zerbrochenen Zweideckers mit zerschmettertem Kopf hervorgezogen wurde."[17]

Nach seinem tödlichen Absturz beim Überlandflug Trier-Metz wurde die Leiche in das Garnisionslazarett von Trier gebracht.

---

[16] „Deutsche Zeitschrift für Luftfahrt" (DZL) vom 4. Oktober 1910.

[17] „B.Z. am Mittag" vom 3. Oktober 1910 (Bemerkung der Autoren zum Artikel: Die Flugzeit von 48 Minuten muss angezweifelt werden, da die Flugstrecke von Trier nach Wellen etwa 20 Km beträgt. Im „Jahrbuch KreisTrier-Saarburg 2001" wird eine Flugzeit von 20 Minuten angegeben. Oder er kam von der Flugstrecke aus Ortsunkenntnis ab benötigte diese längere Flugzeit?).

In den Teltower Kreisnachrichten hieß es:

„Der Apparat fiel dann dicht hinter den Wellener Kalkwerken in einem Birnbaum, riss einen Ast ab und stürzte zu Boden.

Zwei Stabsärzte, die den Aeroplan in einem Automobil gefolgt waren, trafen bald darauf an der Unfallstelle ein, konnten aber nur noch den Tod des Aviatikers feststellen, der schrecklich verstümmelt unter den Trümmern des Apparates hervorgezogen wurde.

Ein Mechaniker aus Trier, der an der Unfallstelle eintraf, erklärte, dass ein Bruch in der Kettenführung den Unfall herbeigeführt habe."[18]

Die Untersuchungen hatten dann ergeben, dass Heinrich Haas durch seine eigene Unvorsichtigkeit das Unglück wohl mit veranlasste. Mangelhafte Reparatur und Wartung seines Flugapparates und ein zusammengeknotetes Taschentuch, die zwei Streben am Flugapparat beim Flug zusammenhalten sollten, waren die Ursache des Absturzes.

Der Sieger des Überlandfluges war Emil Jeannin[19] auf einem Aviatik-Doppeldecker.

---

[18] „Teltower Kreisnachrichten" vom 4. Oktober 1910.
[19] Emil Jeannin (1874-1956), Flugzeugführerlizenz Nr. 6 am 27. April 1910 auf „Farman-Zweidecker", Flugfeld Johannisthal, Foto aus dem „Das Buch der Deutschen Fluggeschichte", Peter Supf, 1935, Band 1, Seite 301.

Eine Wright-Maschine beim Überlandflug Trier-Metz.[20]

Heinrich Hass am Steuer eines Wright-Doppeldecker (30 PS).[21]

---

[20] Foto aus „Der frühere Flugpionier Heinrich Haas-vergessen im Ehrengrab" von Heinz Monz, Jahrbuch Kreis Trier-Saarburg 2001, Seite 127.

[21] Foto aus „Das Buch der Deutschen Fluggeschichte", Peter Supf, 1935, Band 1, Seite 301.

Fotoaufnahme mit Stempeleintragung eines Fotografen aus Trier. Zweiter von links Paul Engelhard.

Am Freitag, den 28. Oktober 1910 startete Engelhard in Trier, überflog Metz in südwestlicher Richtung und landete dann glatt und ohne Zwischenfall 12 Kilometer nördlich von Ranch bei Nancy[22] auf französischem Boden.

Engelhard wurde von den herbeigeeilten französischen Landsleuten sehr freundlich aufgenommen. Die Gendarmen benachrichtigten den Präfekten, der den Vorfall dem Kriegsminister meldete. Engelhard hatte Metz für den Ort Diedenhofen gehalten und deshalb weiter über die Grenze geflogen.

Er wurde von den Behörden einem kurzen Verhör unterzogen. Da sich jedoch nichts Verdächtiges ergab, wurde ihm die Rückkehr freigestellt.

Über die Landung auf französischem Boden wurden Postkarten gedruckt und veröffentlicht.

---

[22] Nancy befindet sich im Nordosten Frankreichs, ca. 120 Kilometer Luftlinie westlich von Straßburg und 50 Kilometer südlich von Metz.

Der Fluglehrer Paul Engelhard am 1. Oktober 1910 in Nancy, dem Tag des Absturzes von Heinrich Haas.

„Prinz Heinrich von Preußen[23], selbst begeisterter Förderer des Flugwesens und später der 38. Deutsche Flugzeugführer, ehrte Haas durch Verleihung eines Ehrenpokals mit der Inschrift „Ehrenpokal geg. v.S.K.H. Prinz Heinrich von Preußen dem Aviatiker H. Haas 12. IX. 1910" *Der Pokal wurde mit dem von der Familie Haas angelegten Erinnerungsbuch im Jahre 1999 für 5000,- DM in München versteigert."[24]*

---

[23] Prinz Heinrich von Preußen (1862-1929), Flugzeugführererlaubnis Nr. 38 am 28. November 1910 auf „Euler- Zweidecker", Flugfeld Darmstadt-Griesheim. August Euler hatte die Flugberechtigung Nr. 1 in Deutschland am 1. Februar 1910 erworben.

[24] Foto und Text aus „Der frühere Flugpionier Heinrich Haas-vergessen im Ehrengrab". von Heinz Monz, Jahrbuch Kreis Trier-Saarburg 2001, Seite 128. Der Pokal wurde versteigert durch das Auktionshaus Hermann Historice München, Katalog zur 38. Auktion am 22. 1999, Teil II, München 1999, Seite 389 (www.hermann-historica.de).

Links:
Prinz Heinrich von Preußen mit seinem Fluglehrer August Euler vor einem „Euler-Doppeldecker".

Prinz Heinrich von Preußen nahm als Besucher an vielen Flugveranstaltungen in Johannisthal teil und besuchte auch mehrfach die „Flugmaschine-Wright GmbH". Er war mit seinen 48 Lebensjahren der älteste aller damals geprüften Flugzeugführer der Welt.

Heinrich Haas hatte noch viel vor. Für die Johannisthaler Flugwoche vom 9. bis 16. Oktober 1910 war er bereits mit zwei Flugmaschinen angemeldet. Er wollte mit verschiedenen Motoren (Körting- und Argus-Motor) in den Wright-Maschinen starten.

Für diese Flugwoche meldeten sich insgesamt 25 deutsche Flieger mit 47 Flugmaschinen an. Darunter waren 11 Wright-Maschinen mit den Fliegern Robert Thelen, Paul Engelhard, Robert von Mossner und Heinrich Haas.

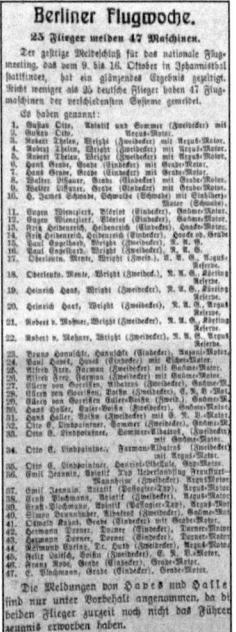

B.Z. am Mittag vom 7. Oktober 1910.

24

Die „BZ am Mittag" schrieb zum Ableben :

„Der junge Pilot Heinrich Haas (25), der als Instrukteur der Wright-Gesellschaft tätig war, hat sich schon zu Beginn seiner leider so kurzen Fliegerlaufbahn durch besondere Schneidigkeit ausgezeichnet. Er machte famose Höhen- und Gleitflüge und trainierte fleißig für die Überlandflugkonkurrenz, bei der er auf so tragische Weise den Tod gefunden hatte, indem er die Grenzen des Johannisthaler Flugfeldes wiederholt verließ und die benachbarten Orte Rudow, Glienicke, Grünau usw. aufsuchte." [25]

Die „Flugmaschine Wright GmbH" veröffentlichte in der „Deutschen Zeitschrift für Luftschiffahrt" (DZL) am 2. November 1910 einen Nachruf für Heinrich Haas:

Nachruf.

Am 1. Oktober stürzte beim Ueberlandfluge Trier-Metz in der Nähe des Dorfes Wellen der Pilot unserer Gesellschaft

Herr **Heinrich Haas**

aus einer Höhe von 100 m tödlich ab.

Herr Haas gehörte unserer Gesellschaft und dem Flugsport überhaupt erst kurze Zeit an. Ursprünglich Offizier der Handelsmarine, hatte er sich seinem neuen Berufe erst vor wenigen Wochen zugewandt. Seine Ruhe und körperliche Gewandtheit, verbunden mit grossem Verständnis für die Technik des Flugwesens, befähigten ihn in besonderem Masse für die Tätigkeit, der er sein Leben von nun an zu widmen gedachte. So war es ihm in der kurzen Zeit gemeinsamer Arbeit gelungen, sich die Wertschätzung aller Angehörigen unserer Gesellschaft zu erringen.

Mehr aber noch als den überall bewährten Mitarbeiter werden alle, die ihn kannten, den lieben Menschen betrauern. Er hat sich durch sein gewinnendes Wesen ein unvergängliches Denkmal bei uns gesetzt, „aere perennius".

„Flugmaschine Wright" G. m. b. H., Berlin.

Heinrich Haas war das 20. Todesopfer der internationalen Aviatik und der dritte Deutsche, der mit einem Motorflieger zu Tode kam.

---

[25] „B.Z. am Mittag" vom 3. Oktober 1910.

Die Gemeinde in 54441 Wellen ehrt den verunglückten Heinrich Haas:

Die Absturzstelle (△) in der Nähe der Kalkwerke in Wellen (Aufnahme 30er Jahre).[26]

Die Gemeinde Wellen liegt an der westlichen Grenze zur Verbandsgemeinde Konz, an der Mosel bei Strom km 213 (v. Flussmündung). Es führt eine Moselbrücke nach Grevenmacher/Luxemburg. Von 1881-1998 befand sich in Wellen ein Kalkwerk, das die im Untertagebau gewonnenen Kalksteine zu Kalk verbrannte und weiterverarbeitete.

Aktuelle Aufnahme von Wellen.[27]

---

[26] Privatarchiv Horst Fantes aus Wellen (hsfantes@freenet.de):
[27] www.wellen-mosel.de

Unmittelbar am Unglückort dabei war der inzwischen gestorbene Lehrer und Ortschronist aus Wellen, Johann Morbach (1870-1950). Er konnte den Absturz beobachten. Seine damaligen Eindrücke legte er handschriftlich nieder:

„Gedenktafel des Fliegers

Ende September 1910 veranstalteten einige Flugzeugfabrikanten und Flieger den ersten Probe- und Wettflug Deutschlands zwischen den Städten Trier und Metz der Mosel entlang. Damals sahen wir hier mit großem Interesse die ersten Flugzeuge, deren täglich mehrere über uns hinweg flogen. Am Samstag, den 1. Oktober nachmittags wurde von Trier der Aufstieg eines Fliegers gemeldet. Da gerade bei schönem Wetter die Traubenlese im Gange war, folgten dem Flugzeug im Moseltal tausende Blicke und Zurufe der fröhlichen Winzer. Plötzlich ein vielhundertstimmiger Schrei! Von Ferne glaubte jeder, der Flieger sei neben dem Fabrikschornstein ins Kalkwerk abgestürzt. Er fiel jedoch dicht daneben durch einen starken Birnbaum.

Ehe die herbeigeeilten Arbeiter den Verunglückten unter dem zertrümmerten Flugzeug hervorgezogen hatten, war er bereits tot.

Eine Gedenktafel am Transformatorhaus erinnert an das Unglück des Fliegers Heinrich Haas."

Die von Johann Morbach bezeichnete Gedenktafel am Transformatorenhaus gibt es heute leider nicht mehr, nur das alte Foto[28] ist überliefert.

Gedenktafel an der Absturzstelle mit den Worten:

„AN DIESER STELLE

fand am 1. Oktober 1910
Der FLIEGER
HEINRICH HAAS
den Tod auf dem Fernfluge
TRIER-METZ

APOST. JOH. 1.BR
1. KAP. 5. VERS.
Das ist die Verkündigung
die wir von IHM gehört
haben
und Euch verkünden,
dass Gott Licht ist u. in IHM
Keine Finsternis."

[28] Privatarchiv Horst Fantes aus Wellen (hsfantes@freenet.de).

Johann Morbach bewahrte bis zu seinem Tod im Jahre 1950 die Bruchstücke des Flugzeugpropellers von Heinrich Haas auf. Später wurden sie auf einem Scheunenboden gefunden. Auf einem Zettel mit Draht an den Propelellerresten befestigt, hatte er die Herkunft seines Fundes beschrieben.

Für die Dokumentation fotografierte der Ortsbürgermeister von Wellen, Hans Dostert, diese 101 Jahre alten drei Rest-Original-Propellerteile der Unglücks-Flugmaschine Wright von Heinrich Haas:

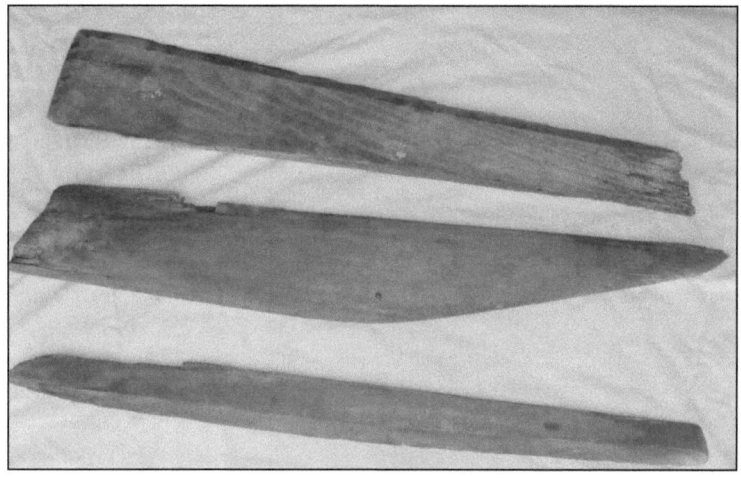

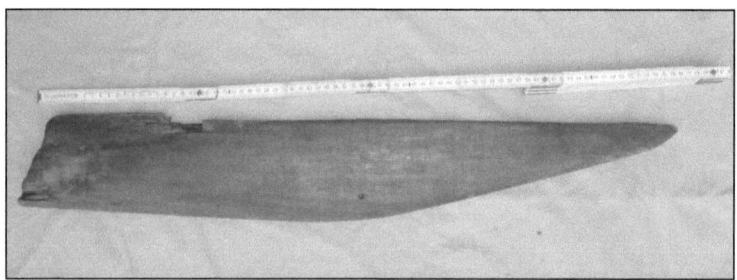

Dieses Teil befindet sich jetzt im Besitz von Alexander Kauther, Schenkung der Gemeinde Wellen im April 2011.

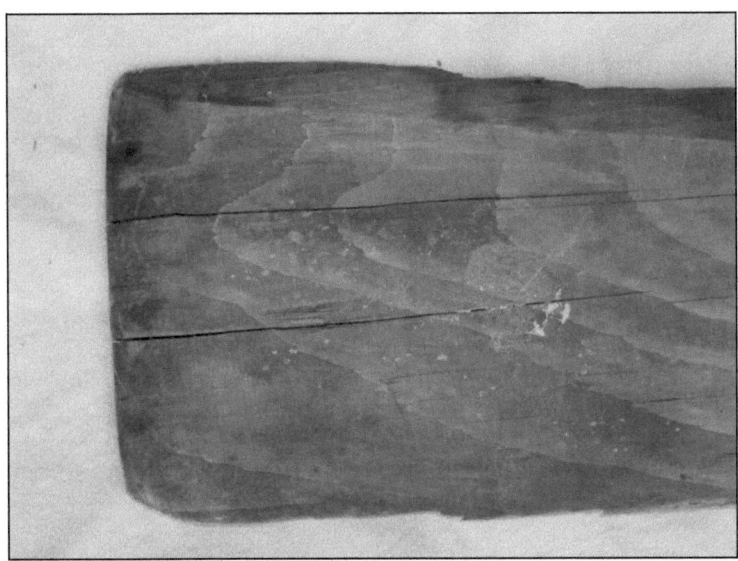

Detailaufnahmen der drei Rest-Propellerstücke.

Detailaufnahmen der drei Rest-Propellerstücke.

Anstelle der ehemaligen Gedenktafel am Absturzort ist heute an der Treppenmauer des Aufganges zum Bürgerhaus in Wellen eine Steintafel angebracht, die an das Unglück von Heinrich Haas erinnert.[29]

___

[29] Fotografiert im August 2010 vom Ortsbürgermeister Hans Dostert für die Dokumentation.

Das Ehrengrab Heinrich Haas in Trier:

Heinrich Haas wurde am 4. Oktober 1910 auf dem Hauptfriedhof in Trier in einem Einzelwahlgrab beigesetzt. Die Bestattungskosten übernahm die Stadt Trier. Bis 1931 wurde das Grab von einem Unbekannten gepflegt. Das Nutzungsrecht ist 1960 abgelaufen, befindet sich jetzt im Besitz der Stadtverwaltung und ist ein Ehrengrab der Stadt Trier.

Aufnahme 1987.   *Juli 2010*
(Nach der Restaurierung des Grabsteins.)

Die Fotos vom Juli 2010 sind von der Friedhofsverwaltung Trier zur Verfügung gestellt worden.

HIER RUHT IN GOTT
UNSER LIEBER
HEINRICH HAAS
STEUERMANN UND
FLUGZEUGFÜHRER
GEB. AM 27. MAI 1885 IN
ASSENHEIM HESSEN
TÖDLICH VERUNGLÜCKT
AM 1. OKT. 1919 AUF DEM
FERNFLUGE TRIER - METZ

JOH 15

Quellen:

Ortsbürgermeister Hans Dostert der Gemeinde 54441 Wellen
Ortschronist Horst Fantes in 54441 Wellen (hsfantes@freenet.de)
Stadtarchiv Trier, Archivdirektor Dr. Reiner Nolden, 54290 Trier, Weberbach 25
Stadtverwaltung Trier, Grünflächenamt, Friedhofsverwaltung, Svenja Braun

Zeitungen und Periodika:

B. Z. am Mittag 1910
Deutsche Zeitschrift für Luftschiffahrt (DZL) 1910
Teltower Kreisblatt 1910
Zeitschrift Flugsport Nr. 17, Seite 553 vom 07.09.1910, Nr. 18, Seite 1 vom 21. 09.1910

Literatur:

Jahrbuch Kreis Trier-Saarburg, 2001, Seite 128-129
Kauther-Wirtz: Dokumentenreihe zum Flugplatz Johannisthal 1909-1914, Heft 28,
   Eigenverlag, 2010
Schmitt, Günter: "Als die Oldtimer flogen. Die Geschichte des Flugplatzes
   Johannisthal", Transpress VEB Verlag für das Verkehrswesen, Berlin, 1987
Supf, Peter: "Das Buch der deutschen Fluggeschichte", Verlagsanstalt Hermann
   Klemm AG   Berlin 1935, Band 1, Seite 294, 302, 303, 301
Trierer Biographisches Lexikon, Trier 2000

Bildnachweis:

Die Fotoquellen sind in den Fußnoten vermerkt. Ist das nicht der Fall, so befinden
sich die Fotos im Privatbesitz der Autoren.

Personenregister: